保護者とつながる
保育の写真活用法

デジカメで撮る
子どもの世界

川内松男
Kawauchi Matsuo

ひとなる書房

はじめに

　写真サークルで教えるようになって20数年になります。地域のサークルや保育士中心のサークルもあります。サークルの初日にカメラを見せてもらうと、家族で共用しているコンパクトカメラを持参している人たちもいて「このカメラでいい写真が撮れますか？」と聞かれることがあります。私が実際に仕事で使っているコンパクトカメラを見せると、プロでもそんなのを使うんですか、と驚かれる人、ほっとした表情になる人など受け止め方はさまざまです。ここ近年は最初からデジタル一眼レフカメラをお持ちの方も多いですが、本書では保育園などでよく使われているコンパクトデジタルカメラを想定し、オート撮影が中心の内容になります。

　趣味として気ままに楽しむゲイジュツテキな写真と、ある意味で対極にあるのが保育園などで撮られる記録写真だと思います。保育の写真は、日々の子どもの様子を通して、保護者に保育の意図を伝える目的が含まれていると思います。行事を記録する、日々の取り組みを撮る、自由時間の子どもの遊びを撮る、などいろいろなパターンで写真を撮って、園だよりやクラスだより、誕生カード、掲示板に張り出す、保護者に販売する、プロジェクターで上映する、など活用法はさまざまです。また、文章と写真を使って子どもの育ちを記録する保育園もあり、よりよく写真を撮って、それを効果的に使いたいという声が聞かれるようになりました。

　そこで、現場の先生方に協力していただきながら、保育における写真の撮り方と活用法についてまとめたのが本書です。これまで子どもの写真を撮り続けてきた私の経験と、保育現場の先生方の視点とをあわせることでできた本です。ご参考になれば幸いです。

もくじ

はじめに　3

1．何をどう撮る保育写真　7

デジカメの「オート機能」が便利　8
「シャッターを切る勘どころ」とコツ　10
「いつ、どこで、だれが、なにをしている」をポイントに　12
動感を表現する　16
子どもの絵や展示物を撮る　18
じゃまにならないように撮る　20
「何となくイマイチな写真」から抜け出すには　22
こんなことにならないために　26

2．イメージ・アイデアを写真に　27

連続した写真から１枚を選ぶ　28
空間的な広がりをいかして撮る　30
子どもをど真ん中にとらえる　32
水と土とともに　36
泣いたり笑ったり子どもの思い　38
仕事への誇り　40
モノが物語る子どもの世界　44

3. 四季折々の行事を撮る　47

行事の各場面を撮り分ける　48

運動会　49／夏祭り　50／どんど焼き　52／餅つき　53／生活発表会　54／
おにがきた〜節分　55／卒園式　56

記念写真について　58

4. 保護者に伝える　保育の写真活用法　61

写真を選ぶためのテーマを決める　62

「保育の意図を伝える」展示構成（生品保育園・群馬県太田市）　64

食事の楽しさと美しさを伝えたい（ほしのみや保育園・埼玉県熊谷市）　72

「ボード・フォリオ」がつなぐ分かち合い／語り合いの輪
　　　（鈴木眞廣・和光保育園・千葉県富津市）　76

「あゆみノート」は大切な育ちのルーツ（島本一男・長房西保育園・東京都八王子市）　78

レンズから見えてくる子どもの姿（佐藤涼子・宮崎県都城市）　80

たくさんの写真群の中に宝ものを見る（川内松男）　82

5．知って得するデジカメの使い方　　85

デジカメレンズの写り方の違い　86／ピントの合う範囲を変えて表現する　88／
ISO感度　89／写真の色が濁っているのはなぜ？〜ホワイトバランス　90／
写真が暗いのはなぜ？〜露出　92

コラム　伝えて、つなげて、豊かに　　42
　　　　保育と写真と遊び歌　　43
　　　　つきつ離れつ　自分の足で歩いて距離感を保つ　　84

あとがき　　94

◎本書内の写真は、特に明記しているもの以外はすべて川内松男の撮影

1
何をどう撮る保育写真

いつもの写真もちょっとしたポイントを意識することで、ぐんとよくなります。普通のカメラで誰でも実践できる撮影のコツを紹介します。

1　デジカメの「オート機能」が便利

手書きの連絡帳とデジタル写真が織りなす子どもの世界。
園から家庭への新たなメッセージのかたちとして定着しています

　簡単に撮れる便利さと低価格が好評で、今や保育園でもクラスごとに常備されているところもあるほど普及したデジカメ。そのカメラの多くはコンパクトデジタルカメラだと思います。それを、「シャッターを押せば写るオート（機能）だけで撮っている」という人が多いようです。それだけオート機能が充実し、絞りいくつ？　シャッタースピードはどのくらい？　といったカメラの機能的な煩雑さから解放されることや、結果をその場で確認でき、失敗を恐れずに撮ることに集中できるようになったことなどが、デジカメを普及させた大きな要因だと思います。

　コンパクトカメラは大まかに言えば、満足と不満足をあわせもったカメラでしょうか。何をどう撮るかによって満足か不満かを感じるものです。簡単で便利なコンパクトカメラですが万能なカメラではないのです。それはフイルムカメラや一眼レフデジカメの場合も共通していると思っています。

　私が子どもの撮影でコンパクトデジカメを使い始めてかれこれ15、6年になります。はじめは構図や照明の確認用として使っていましたが、新機種が出るたびに確実に進化し、今や子どもの撮影はすべてコンパクトデジカメになっています。高級な一眼レフデジカメに比べるとやや不便を感じますが、私なりに工夫しながらデジカメのオート機能で子どもの世界を撮っています。

デジカメは、何もしなくてもシャッターを押せば写る簡単カメラですが、シャッタースピードや絞りといった機能がなくなったわけではありません。使う人が意識しなくてもカメラはちゃんと仕事をしてくれているのです。その機能の一部だけを見てみます。カメラが作られた時期年代によって機能が大きく違います。**P**しかないのもあります。機能的なことが面倒という人は**P**や**iA**で、少し興味がある人は5章を。

iA （インテリジェントオート）すべてカメラ任せで撮ります。

P （プログラムオート）カメラ任せで撮れますが一部の機能を変更できる機種もあります。

A・AV レンズの絞りを調節してピントの合う範囲（前後の）を先に決めます（被写界深度について p.88）。

S・SV 動きを止める、動きを出すといったときにシャッタースピードを先に決めます。

私が使う頻度の多い順に **A、P、M** です。**A** が多い理由はピントを合わせるとき、画面のどの範囲までピントを合わせるか、あるいはぼかすかを撮影意図によって決めるからです。最近は画面にタッチして機能を変化させる、あるいはシャッターを切れるものもあります。

AF （オートフォーカス）自動的にピント合わせをしてくれます。

WB （ホワイトバランス）白の色を基準に写真の色彩をバランスよくする機能。

ISO 感度　CCD（フイルムの役割）が光を感じる基準値。

露出 露出というダイヤルはありませんが、上記の機能を組み合わせて写真の明るさが決まります。このすべてを使って自動的に撮るのがオート撮影です。

M すべての機能を手動で自分好みに設定して使います。

2　「シャッターを切る勘どころ」とコツ

　「道具は習うより慣れて覚えろ」といいます。カメラも使うことで扱いに慣れ、自分の手に馴染んだカメラになってきます。ただ、職場でカメラを共用している場合など、いつでも自由に使えない状況もあるでしょう。そんなとき手元にカメラがなくてもできる写真の上達方法があります。

　私が駆け出しの頃に先輩から教わったイメージトレーニングです。情景を見ながらこの光線具合、この位置、この人のこの表情がすき、と感じた瞬間、心の中でシャッターを切るのです。「感覚で切るシャッター」とでもいうのでしょうか。保育中であれプライベートな時間であれ、この場面を撮るという視点で日常を見ると、普段なにげなく見ていた情景が新鮮に感じられたりもします。

　子どもの写真を撮るときも同じです。いいと感じたら迷わずシャッターを切る。イメージトレーニングと撮影をくりかえすうちにシャッターを切る勘どころとコツもつかめるようになります。

子どもに混じって写真を撮られることになった（p.15 おたより中の写真）。「いいですかとりますよ～」と声をかける。記念写真を撮るときみんなの顔がしっかりと写るように、声かけは大事なこと。「カメラがしゃべってるよ」。となりの子がつぶやいた一言にハッとさせられて撮った一枚。写真は撮られる側から紡ぎ出す物語でもあることに気づかされた一瞬でした

1 何をどう撮る保育写真

いっしょに給食を食べていたときのこと。「ぼくのかめら　なんでもうつるんだ　おじちゃんとったげようか」。お互いのカメラで写しっこした。心の目を持つ彼のカメラに、私はどんな姿でとらえられているのだろうか……。ちょっと不安になります

3 「いつ、どこで、だれが、なにをしている」をポイントに

④ 「株を３つか４つにして植えるの」と教わって

初めての田植え

①

　保育士の先生に「どう撮ればいい写真になるんですか？」と聞かれ、返事に窮してしまうことがあります。保育をしながら子どもの様子を撮るには、大まかにでも、こんな場面とこんな場面とこんな場面もいいかな……と自分なりのイメージを作っておくことも必要です。できればメモ書きをしておき目を通しながらイメージをふくらませておけば少なくとも、何を撮ろうかと迷うことはなくなるはずです。
　文章の構成要素として「いつ、どこで、だれが、なにをしている」というのがありますが、写真を撮るときも同じことが言えます。写真を使う最終的な形をイメージしながら、

① 会場全体を広く撮る
② グループごとの単位で撮る
③ ２、３人の様子を撮る
④ 一人をポイントに撮る
⑤ 顔や手などをアップで撮る
⑥ 記念写真なども撮る

といった具合に、場面場面を撮り分けていく。そうすることで全体として保育の取り組み状況を表現できるはずです。
　その場の思いつきだけで撮ってると、似通った写真が多いうえに「あの場面も撮っておけばよかったなぁ～」と後悔することにもなります。

1 何をどう撮る保育写真

②

泥に足を取られながら ④

③

④

③

田植えの後は田んぼで
どろんこ遊び

④

③ 一緒に走り回りながら動きを出す（P.16参照）

ハプニングも撮るとおもしろい ③

あめんぼうをクローズアップで ⑤

③

⑥

「今日は、保育園で○○やったよ〜!!」と子どもがおうちの人に話すように、私たちも日々、園での様子をこの便りを通して伝えています。

便りの内容はさまざまで、四季折々の行事の様子から、今現在子どもたちが頑張っていることなど、毎日の子どもたちの様子を載せています。

子どもたちが実際に体験したことを子どもの話からのみではなく、この便りの写真を見ていただき、保護者の方の視覚にうったえることで、子どもたちの喜びや感動に共感してもらえたらいいな〜と思っています。

（ほしのみや保育園・柿沼　佳）

4　動感を表現する

　手ぶれ／ピンぼけ写真は禁物ですが、あえてぶれさせることで動感を出す撮り方もあります。
　下の2枚はイラストのようにして撮ったものです。カメラを手のひらで握り親指でシャッターを押しますが、さらに親指が下になるように手首を回して持ちます（カメラも上下逆さまに）。子どもと一緒に走り回りながらシャッターを切るのがポイントです。人に当たらないよう周囲に注意して撮ります。
　カメラのファインダーやモニターを見ないで撮るので、ノーファインダーともいいます。1回でうまくいくとは限りませんので、何枚も撮りながら自分で納得いく写真を作ってください。

このように持つことで、走りながらでも比較的カメラを安定させることができます

流し撮り
　子どもの動くスピードに合わせながらシャッターを切るのがポイントです。シャッターを切る前から画面で子どもをとらえておき、体ごとカメラを回すような感じでシャッターを切り、切った後もそのまま流していきます。シャッターを切るときカメラが止まるときれいな流れにはなりません。
　ISO感度を下げる、Sの設定（シャッター優先）でシャッタースピードを遅く設定するなどするとうまくいきますが、曇り空だったこの日は、オートのままでの撮影でも大丈夫でした。

体ごとカメラを同じ高さで回すように撮ります。シャッターを切るときにカメラを止めないのがポイント

5　子どもの絵や展示物を撮る

なるべく背景がシンプルなほうが作品が目立ちます。テーブルの端に置きマクロモード（花マーク）で近づいて撮ったもの

子どもの絵や展示した作品を写真に撮るときの基本は、画面全体が均一な照明になることと、下のイラストのように、カメラと作品が平行になること。斜め上から撮ると作品の手前が大きく奥が狭くなり形が変わって見えます（A）。

テーブルや床に斜めに厚紙や発泡スチロール板を置き、それに立てかけて撮ると楽です。

特に撮る枚数が多い場合などは、三脚があると手ぶれせず、ピント合わせも楽にできます。

ストロボは使わないようにします（表面にテカリが出やすい）。ＩＳＯ感度を上げると、シャッタースピードが早くできます（p.89）。

A　斜め上から撮ったもの

B　カメラと作品を平行に構えて撮ったもの

作品全体が写るように適切な距離をとって

光が反射しないよう作品の下に、紙（グレーや黒色）を敷くといいです

子どもたちがタマネギの皮で染めた布。窓際に二重に吊された布の立体感をそのまま出すため窓からの自然光のみで撮る。オートで十分な色彩になっています

6 じゃまにならないように撮る

　コンパクトデジカメの利点はシャッター音が小さいこと、画像がすぐに確認できること。そっと撮りたいときはイラストのようにカメラを持ち、遊びの様子を見ながら撮ることもよくやります。まず1枚撮って構図や距離などを確認します。何枚か写したらまた確認です。おへそのあたりに固定すると手ぶれ防止にもなります。特に部屋の中の撮影ではよくやります。

　子どもが私に気づく気づかないにかかわらず、一度は声かけをすることにしてます。経験からして声かけをしたあとのほうが気に入った写真になることが多いです。多分警戒心が薄れるのだろうと思っています。盗み撮りとの違いです。

しゃがんで撮るよりも、子どもにカメラを意識させずに撮ることができます

短冊の文を食い入るように読んでいます。子どもとの距離は1メートルあまり。遠目には、文字を読んでいるのか絵を見てるのかわからないのです。近づき会話しながら撮りました

乙女心の芽生えでしょうか、ピアノに映る姿をじっと見つめながら髪を直してました。普通に撮れば黒い部分の姿ははっきりとは出ません。黒の中を明るくするために＋/－ で＋1.5補正（明るく）しました（p.92参照）

たとえズームレンズで撮れる場合も、なるべく近づいて声をかけます。「どしたん？　なに見てるん？」

7　「何となくイマイチな写真」から抜け出すには

　使い慣れたデジカメでも、シャッターを切った時の感覚と写った写真に違いがあり、何となくイマイチな写真になるという話をよく聞きます。子どもの姿が遠くて小さい、近すぎて一部が切れている、ぶれた写真になっている……など、カメラが悪いということもあれば撮る人の不注意というのもあります。

　イマイチな写真の多くは、撮る人の「何を撮るか主題がはっきりしないままシャッターを押している」ことや「子どもとの距離感を考えないで撮っている」ことが原因だと思われることが多々あります。撮りたい場面をどのくらいの広さや大きさに撮るか、カメラのモニター画面で確認しながら「今だ」という意志をもってシャッターを切るかどうかがポイントです。そこがあいまいだと、主題のぼやけた自身も納得のいかないイマイチな写真になってしまいます。

　カメラが原因で撮れなかったという話も10％くらい（？）は正解です。特にコンパクトデジカメの場合は（5章参照）。

何となく全体が写っていますが、何を撮りたいのかわかりません

1　何をどう撮る保育写真

めいっぱいの広角28ミリで子どもをポイントに撮る

同じ位置からズームレンズで画面に変化をつける

コンパクトデジカメの場合、電源を入れてモニターに最初に現れる画像がめいっぱいの広角（ワイド）です

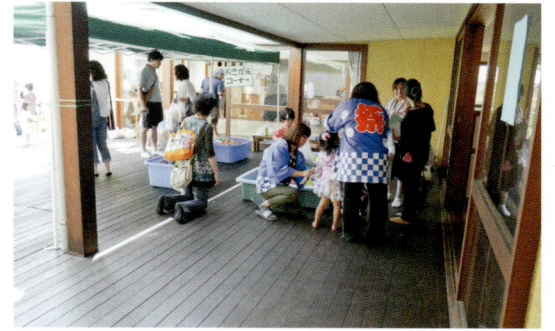

ズーム比中間50ミリくらいで撮ると自然な感じの写真になる

レバーもしくはボタンを押してもっとも大きく映し出された画像がめいっぱいの望遠です。

めいっぱい望遠側100ミリで撮ると大きく写せる

家族で楽しむ夏祭り「ほしのこ七夕まつり」の会場で

23

短冊の向こうに誰かが来るのを待ち構えて撮影

埼玉県熊谷地方では、七夕に「まこもうま」を飾る風習があり、保育園でも近所のお年寄りに手伝ってもらいながら毎年七夕祭りに飾り付けています

ポイントをつくって撮る

七夕といえば短冊。短冊飾りをポイントにまとめてみました。

カメラをおへそあたりに構えて撮影
(p.20参照)

より効果的に見せるためのトリミング法

小麦粉で感触あそび

　3枚とも遊びの感じがよくでていますし、表情や動きをうまくとらえています。背景を見せる必要がなければ一部をトリミング（クローズアップしたいところを残し不要な部分を切り取ること）して使うほうが写真の良さがよりはっきりです。上・中の2枚は撮るときカメラを縦にすればトリミングせずに解決です。

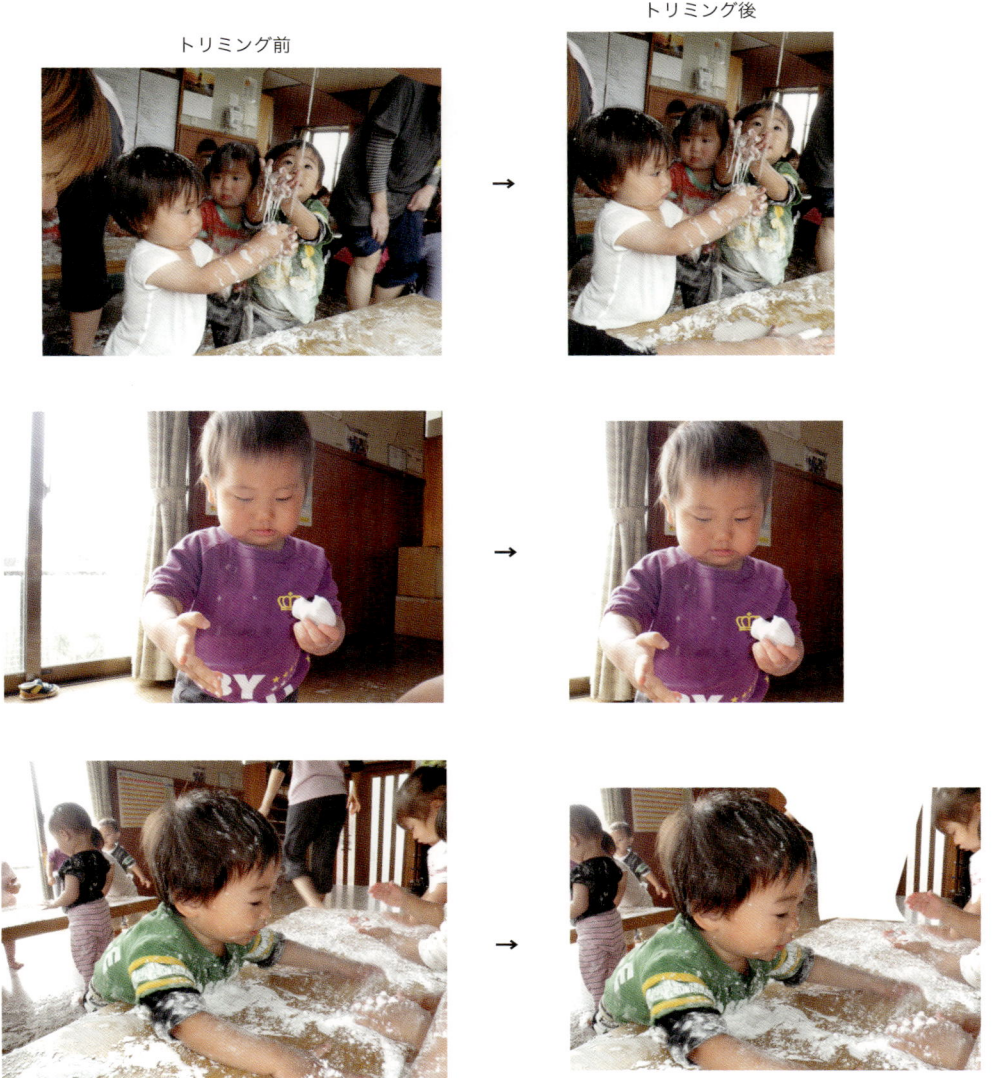

遊びに集中している子どもより大人の後ろ姿が気になります。展示で使うのであれば、はさみで切り抜くのもアリです。

こんなことにならないために

メモリーカード
★カードの容量がいっぱいで写真が撮れない
★メモリーカードの写真が見られなくなった?!

- メモリーカードの予備をもう一枚。長時間の行事や園外保育では必需品です
- メモリーカードも精密機器です。落としたりぬらしたりしない
- カードの出し入れはカメラの電源スイッチを切ってから
- 静電気にも弱いので、端子はさわらないように
- データ（写真）を入れたまま別のカメラとの使い回しはトラブルの元（データが消失してしまうことも）

バッテリー
★バッテリーがおかしい。写真が撮れない?!
★バッテリーの減りが早い

- カメラへの出し入れは電源を切ってから
- バッテリーは充電をくり返すと劣化し使える時間が短くなる
- 長時間の行事や合宿などでは必ず予備のバッテリーや充電器を
- 長時間使わなかったときは再充電をしてから
- ストロボやズームレンズを多用するときも注意

デジタルカメラで撮影した画像について

　今回の取材で気になったことがあります。写真データを無造作に扱いすぎている人が少なくないということです。たとえば、園で一枚しかないメモリーカードを複数のカメラで使い回していたり、「カードの容量がいっぱいになって撮れなくなったから」と写真データをすぐに消してしまっていたり……。写真を消してしまうことは、園の歴史を消してしまうことで、それは決して元に戻すことができません。パソコンのハードディスクやCDに必ず保存してほしいと思います。

2

イメージ・アイデアを写真に

子どもを眺めながら、何かないかな……と見ていて「へー」と感心したり「おもしろい」と感じたりする場面に出会ったとき、一瞬、「どう撮るか！」と考えます。そこからイメージをふくらませながら、偶然の出会いを写真に形作っていきます。

2　イメージ・アイデアを写真に

連続した写真から1枚を選ぶ

ただ黙ってひたすら写真を撮り続けます。子どもたちの動きを
止めて、それでいて動感とリズム感をとらえるために

空間的な広がりをいかして撮る

保育園の2階屋上から園庭を眺めていると、一台の三輪車が輪のラインに沿いながら回り始めました。さっきまではまったく違う遊びがくり広げられていました（前ページ）。ふと隣に目をやると……

2　イメージ・アイデアを写真に

同じ園庭の中にさらに違った遊びがあります。こうした場面を見つけられたときはワクワクします。遊びの位置関係がどう変わるのか楽しみだからです

子どもをど真ん中にとらえる

目の前で突然始まった2人の遊び。園の外に出る方法は一通りではないようです。すぐ脇には出入り口があるのですが……。それぞれの知恵が外への世界を広げていきます

2　イメージ・アイデアを写真に

頭も足も使いようです。足の裏を狙って、ローアングル（低い位置から）で撮りました

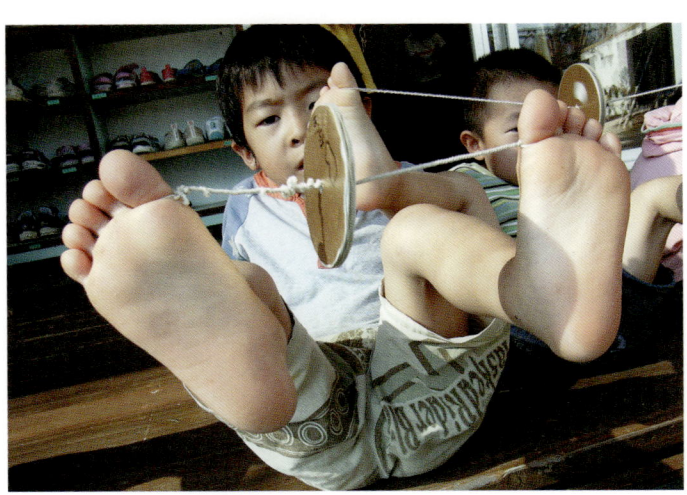

友だちを登らせるのに抱えてだめならと、次は自ら台になっているところ。高いところに登るのも工夫次第といったところでしょうか。いずれにしても手助けは大変です

新しい遊びをつくり出していく子どもたち

水と土とともに

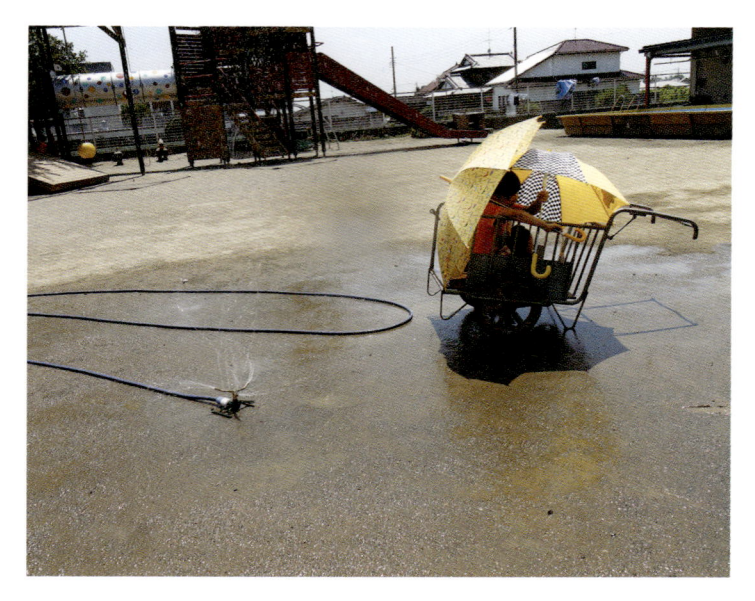

2 イメージ・アイデアを写真に

　水と土を混ぜて泥を作り、ぎゅっと固めて泥だんごにします。乾かして布でこすると、ぴっかぴかの光るだんごに変身。
　子どもたちも水で泥を洗い落としたら、いつものぴかぴかの子どもに早変わりです。

泣いたり笑ったり子どもの思い

2 イメージ・アイデアを写真に

　子どもの笑顔を撮るチャンスに比べ、泣き顔を撮るチャンスはなかなかありません。簡単に笑うことはあっても、簡単に泣くということはないから。もし出会ったら必ず撮ります。いやがられてもです。

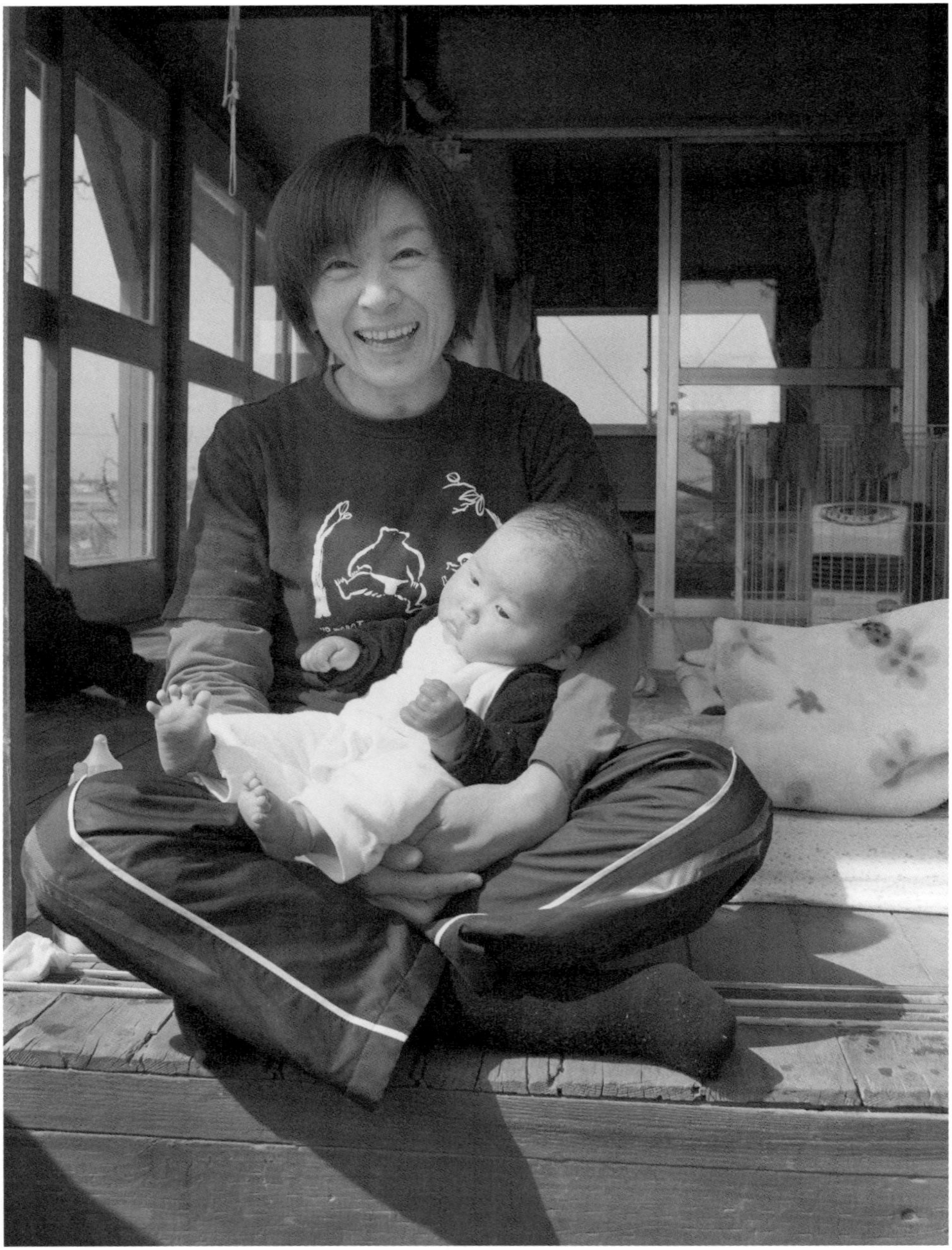

仕事への誇り

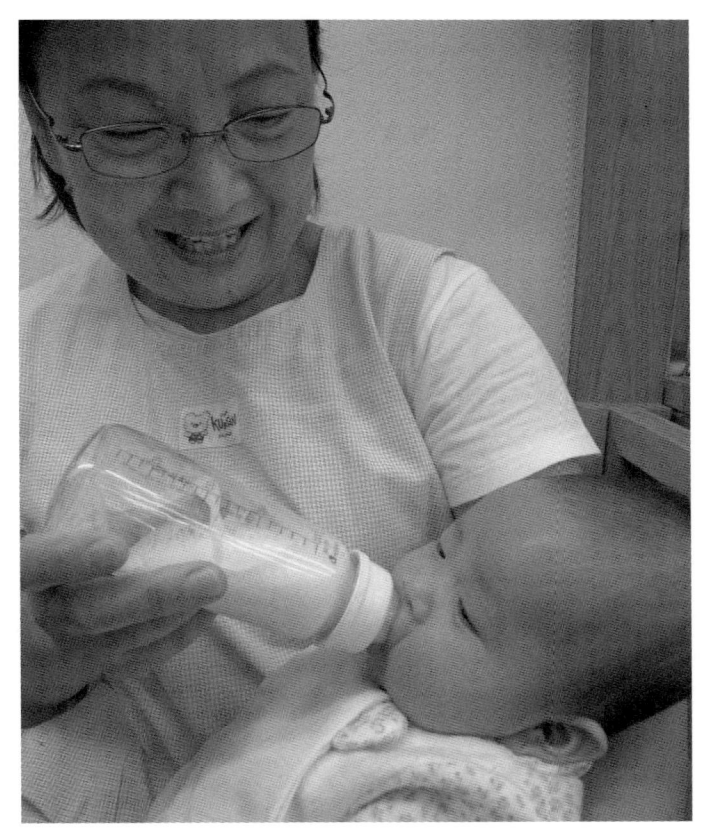

COLUMN

伝えて、つなげて、豊かに　　　　　　　　　　野村　敦子（保育士）

　0歳児を担当して1年目のこと。一緒に担当となったM先生から「ぜひクラスでフォトニュースを作りましょう」という提案がありました。M先生は写真サークルに参加されている方です。きっとステキなものができるに違いないと、楽しみにしていました。

　フォトニュースは月別に散歩や生活などをテーマにし、クラスに張り出します。保護者からの反応は上々で、いつもは帰宅が遅くなるお父さんも、写真見たさに頑張って子どもを迎えに来るということも何度かありました。「こんなふうにしてお散歩に行くのですね」という言葉に、写真が保育を伝える道具になっていることにも気づかされました。

　フォトニュースが発行されて半年、運動会のために集まった保護者の方々に見ていただこうと、今までのフォトニュースすべてをクラスに張り出しました。運動会に出るまでに我が子が成長したことに、みなさん喜んでいらっしゃるのではないかという私の想像と、実際の保護者の方々の反応は少し違っていました。保護者の方々の口から出た言葉は、「わぁ、○○ちゃん大きくなったね」「○○ちゃん、頼もしくなったね」など、我が子だけではなく、お互いの子どもの成長を喜ぶ言葉でした。実は数日前から、ひっかきが原因で少し気まずくなっていたAちゃんとBちゃんのお母さん同士も、いつの間にかお互いの子どもの成長ぶりを喜び合っていたのでした。

　今まで伝えるためにあったフォトニュースが、すべてのものをまとめて見る、みんなで一緒に見ることで、「つなげる」力を発揮していることに驚き、感動しました。

　その頃、ちょうど写真に魅力を感じ始めていた私は、M先生の参加しているサークルの写真展に誘われました。会場に足をふみいれてまず目に入ったのが、壁一面を埋め尽くすように展示されていた、子どもたちの笑顔の写真です。子どもたちのキラリと輝いている一瞬が、撮り手の暖かい眼差しで表現されているのが、ここに展示されている1枚1枚なのだと感じました。そして、それは保育に通じることだとも思いました。子ども、保護者、保育者の関係の中に「写真」を介在させることで、伝え、つなげ、発見し、感動し、見守り、受け止めて等、それぞれの中で一つひとつのことがとても豊かになってくるように思います。そんなことを考えながら会場をあとにし、改めて写真の持つ力に魅力を感じた私は、自分も写真をやってみようと思ったのでした。

写真：野村敦子

保育と写真と遊び歌

高杉　正（保育士・遊び歌作家）

　保育士という仕事をしながら、合間を見つけて、子どもたちが歌う手遊びやふれあい遊びを作っている。保育と歌づくりにはいろいろな共通項がある。そのひとつは対象のある場面を新たな視点でとらえ、切り取ってそれをまた伝えるという役割だと最近思っている。

　保育でも遊び歌づくりでも活躍するのが写真だ。親子や子どもたちの表情や遊んでいる姿をファインダーで覗いていると、普段何気なく過ぎ去っていく一瞬が実はとても大切な場面だったり、その子の本質を表していたりとハッと気づくことが多い。自分で撮った写真を後からじっくり見比べていくと遊び歌や保育のヒントがたくさん含まれていることに気づいたりする。

写真：高杉正

　本格的に写真を撮るようになって、意識するようになったのは、対象との距離感覚だ。

　子どもたちと同じ視点や同じ足場でとらえているつもりでも、よく見ると一歩引いて見ている自分がいる。保育や遊び歌でも同じで、自分はそれでいいと思った瞬間より、さらに一歩踏み込んでアクションした時のほうがより分かり合え、気づき合える気がする。

　プロの演奏者に聞いた話にこんなのがあったのを思い出す。「ダイナミクスを奏者がフォルテ（強く）で演奏しても客席にはメゾフォルテ（やや強く）でしか聴こえない。観衆にフォルテを届けたいのならばフォルテシモ（より強く）で演奏しないといけない」。写真を撮る時も保育で子どもたちに語りかける時も、相手との距離感を正確に感じながらアクションする習慣を身に付けることが、より臨場感のあふれる作品や人とのかかわり方につながっていくのだろう。

　これからも片手にカメラを抱えながら、保育の現場や歌の現場に足を運びたい。その時はより近くまで飛び込んでいこう。今まで以上の作品につながっていくと信じて。

モノが物語る子どもの世界

　かつて商品写真を撮っていたせいか、モノの形から想像するのが好きで、ときどき見入ってしまうことがあります。本当のことはわからないけど想像はふくらみます。子どもの遊び場所やおもちゃに子どもの温もりを感じた時、私は静かにシャッターを切ります。何人でどんな遊びをしていたのかをイメージしながら。そんな光景を面白いと感じるか、「別に……」と感じるか。それは人それぞれです。

2 イメージ・アイデアを写真に

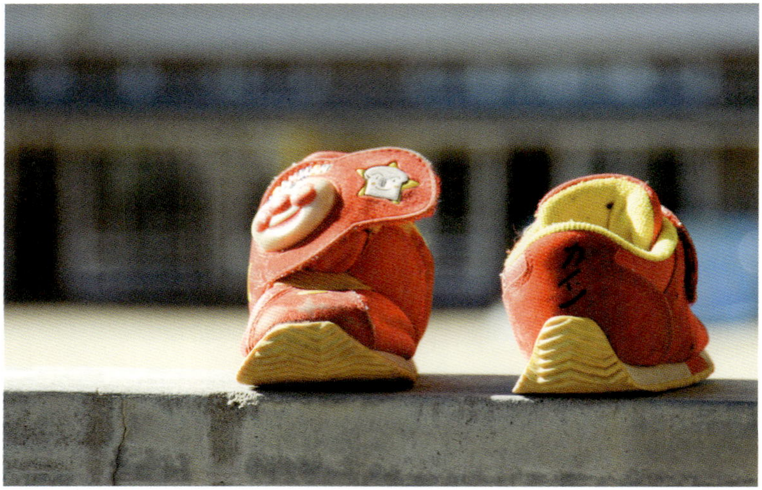

3

四季折々の行事を撮る

保育園にとって欠かせないのが行事の撮影。「とりあえずたくさん撮る」のではなく、せっかくの機会だからこそいい写真を撮っておきたいものです。かけがえのない思い出を大切に残すためにも。

行事の各場面を撮り分ける

　私は、保育園での写真撮影は大きく分けて2通りに考えています。卒園式、記念の祝賀会、講演会、集会……といった式次第で決められた進行がある場合と、保育内容にかかわらず自由に子どもの姿を撮る場合。前者の場合、事前の打ち合わせが重要です。どの場面を撮るか具体的に決めて、しっかりとしたイメージを持って撮影に臨むことです。また、遠足、運動会、夏まつり、節分、ひな祭り、クリスマス会……などの行事の場合も同様に事前の準備は欠かせないと思います。その時になってあたふたと慌てて撮り損なわないためにも。

　私自身、友人の手伝いで学校アルバムの撮影で入学式や卒業式、体育祭などの行事の撮影をした時期があります。どんな場面を重点的に撮るか打ち合わせから始まりますが、それでも撮影後にいろんな不満が出てくることがあります。たとえカメラを扱う技術には長けていても、内容に沿った場面を撮り分ける経験が少ないと、自分流の経験や思い込みだけで撮ってしまうのです。

　大きな行事などでは、保育士の負担を軽くするために外部の写真業者に行事の撮影を委託する、保護者で写真の得意な人にお願いすることもあると思いますが基本的には同じです。

　目的に沿って撮り分けるのは、ほんの少しの経験と努力で培えるものなので、行事のプログラムと、最低限撮ってほしい場面や人をリストアップしたような簡易な撮影マニュアル（p.56参照）など作成しておくと便利です。

必ず全員を撮らなければならないとき、スタートラインは格好のポイント。まず並んだところで一枚、スタートして1歩か2歩で動きのある写真を撮ります

運動会

走る、踊る、飛ぶといった動きの激しい場面が続くので、シャッタースピードを速くして動きを止めます。かんかん照りの場合はオートのままで十分止められます。

空の割合が多くなる場合は露出に注意が必要です（上の写真）。空の明るさが基準となってしまい、人物が暗くなってしまうときがあります。+/− の調整を少し+に補正しましょう

夏祭り

　夏祭りといっても、昼間のみのところもあれば、夜間もくり広げられる場合もあります。夜間の撮影では、ストロボを使用すると電源の消費が早いです。予備のバッテリーや充電器が必要です。

3　四季折々の行事を撮る

上の写真はストロボを使って撮影しました。ストロボを使うと、人の動きを止めたように撮ることができます

どんど焼き

　どんど焼き・餅つき（次ページ）とも、上段は高めの位置、下段は低めの位置から撮った写真です。
　何を撮りたいのかがはっきりしていれば、アングル（角度）も構図も自然と決まるものです。餅つきの太陽を入れた写真は、たまたまその場に座り込んで餅をごちそうになっていると、激しく杵を振り下ろす大人たちの姿が何ともたくましく見えたので、あえて表情が見えないシルエット風の写真にしました。ポイントにしたのは、振り上げた杵の位置です。

> カメラのアングルの基本は
>
> ①高い位置から……ハイアングル
> ②目の高さくらいから……アイレベル
> ③低い位置から……ローアングル
>
> どのアングルがいいかはその場で撮る人が決めることです。

①

子どもの目の高さで　②

3 四季折々の行事を撮る

餅つき

和やかな雰囲気と表情がわかるようにカメラを真上にあげ万歳をした格好で撮る(モニターは見ない)

①

③

大人のたくましさをローアングルで

生活発表会

町の大ホールを借りて行われた生活発表会。会場内を移動しながらの撮影ができない場合、決められた位置からの撮影になります。一眼レフデジカメの望遠レンズ80〜200ミリのみを使って三脚を立てて撮影しました。

おにがきた〜節分

卒園式

卒園式は各園ごとに違いがありますが、主には式次第に沿って行われることが多いので、来賓挨拶や保護者代表の挨拶など、撮りこぼしのないような準備も必要でしょう。

> **式や講演会の主な撮影パターン**
>
> ・準備風景
>   ……会場の設営、外看板、つり看板、受付
> ・講師や来賓の写真撮影
> ・会場の写真
>   ……広い構図に
> ・開始／開演前の様子
> ・参加者の様子
>   ……雰囲気を大事に
> ・開始後／講演中の様子
>   ……講師に動きがあったときは撮る
>   （前に出てきたり、ホワイトボードを使ったり）
> ・司会者、発言者らをきちんと撮る
>   ……展示物、小道具なども撮影
> ・記念写真
>
> 事前に内容を把握し、どんな場面を記録するか話し合っておきます。進行表やレジュメなどにメモしておけば、各場面を撮り分けることができます。

会場内を動ける場合は、おそれずにとにかく動いて撮ることが大事です。

記念写真について

　記念写真の基本は、全員の顔がはっきりと見えるように撮ることです。しかし、人数が増えるだけ難しさが増します。指を立ててピースしたり、わざと顔をかくしたり、あかんべーをしたりと好きなポーズをとりたがります。そんなとき私は、ポーズしてもいい写真とポーズをしない写真を撮ることを子どもに話します。まず好きなポーズをさせて何枚か撮り落ちついたら、本番の「ポーズなし」の記念写真を撮るようにしてます。こちらの指示を理解することが難しい子どもたちの場合は、先生についてもらうこともあります。

祖父母と孫たちの卒園記念写真

父母と子どもたちの卒園記念写真

3　四季折々の行事を撮る

写真は未来への伝言板
　卒園記念などのあらたまって撮る記念写真とは別に遊び感覚で撮る記念写真もあっていいと思っています。モデルさんたちが楽しみながら写りたいのに、そんなのやめて、と言うほど野暮なことはありません。
　人物だけをアップに撮るのもいいですが、なるべく背景を多く写し込むようにして撮ることを心がけています。10年後20年後になって、どこで撮ったのか、何歳ころの写真か思い出せないような写真にはしたくないからです。

運動会でおてもやんを踊る母親と先生たち
出番前に好きなポーズで

田植えが終わった後、前向きと後ろ向き両方を撮る

運動会終了後、会場に残っていた人たちだけの記念写真。全員の顔が見えるように指示は出しますがなかなかうまくいきません……。まだ修行が足りないのでしょう

卒園児たちの10年後。保育士と一緒に同じ位置関係で

4

保護者に伝える
保育の写真活用法

保護者との情報の共有、子どもの育ちの記録等、保育園においてさまざまに写真が活用され始めています。実際にどのように使われているのか、いくつかの事例を紹介します。

保育の写真活用法　1

写真を選ぶためのテーマを決める

　以下のような写真が手元にあるとします。もし、これらの写真を何枚か使っておたよりを作ることになったら、どの写真を選んで、どのようなテーマでまとめますか？

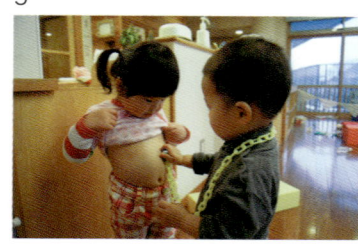

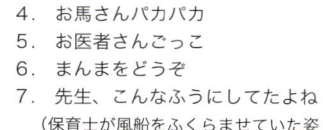

1. 本の取りっこ
2. みんなでねんね
3. なんで泣いているの？
4. お馬さんパカパカ
5. お医者さんごっこ
6. まんまをどうぞ
7. 先生、こんなふうにしてたよね
   （保育士が風船をふくらませていた姿を真似している）

選んだ写真とテーマを比較

Aさんの選んだ写真（撮影者）

テーマ「まねっこ遊び」

　0歳児クラスも後半になり、生活の再現、大人や友だちの遊びの模倣が盛んになってきました。

　どの遊びも、一人が始めたのを見て他の子が真似をしたり、以前大人がやっていたのを再現したりと、自分たちから作った遊びです。

　そんな子どもたちのいきいきとした遊びの様子を保護者に伝えられればと思い、選びました。

Bさんの選んだ写真

テーマ「2人は仲良し」

　0〜1歳児が他者を認識する瞬間をとらえた場面を集めてみるとさまざまな気づきがあります。

　特に1対1の場面のみをセレクトすることで、その面白さが強調されて、保護者にも伝わりやすいのではないかと考えて選びました。

メッセージを伝えるために「選ぶ」

　写真の選び方によって異なるテーマとなり、保育のさまざまな側面を伝えられることがわかります。おたよりを作るということは、当たり前のことですが、何らかのメッセージを伝えるということです。一番伝えたいことが伝わるように写真を選んで、なるべくわかりやすくコンパクトにまとめることができれば大成功です。写真の重要度によって、大きさや位置まで考えることができれば完璧ですね。

保育の写真活用法　2

「保育の意図を伝える」展示構成　　生品保育園（群馬県太田市）の試み

　「うちの子がいる！」と保護者が喜ぶような写真も大事だけれど、保育の取り組みや考えを伝えるための手立てを考えられないか……園長のそんな一言から始まって、写真の撮り方や使い方をもう少し工夫しようと園内研修を行いました。日常的に作っている展示パネルの製作を考える実習です。

　今までに保育士が撮影した写真のなかから、「泥あそび」の写真を使います。写真を何枚使うかは自由、タイトルも文字数も制限なしです。参加者20人がグループに分かれ、話し合いながら製作してもらいました。製作のコンセプトは保護者に「保育の意図を伝える」です。
　一枚の紙の上に貼る写真の大小や並べ方、タイトル、キャプションのつけ方次第で、見た感じがぐんと違って見えるものです。そのあたりを意識して、共同作業で作ってもらいました。

　1回目の製作後、完成したものを展示してグループごとに製作意図を聞き、私と園長がコメントしました。それをふまえて、2回目の製作とまとめの話し合いをし、それぞれのグループの変化をまとめました。

- 3分ですべて理解できるぐらいの簡潔な構成とタイトルになっているか（園長・川内）
- 主題をはっきりさせるために写真が効果的に使われているか（川内）
- このタイトルとキャプションで保育内容が伝わるか（園長）
- 効果的に見せるためのトリミング（切り抜き方）を考える（川内）
- 次回同じような場面を撮る場合にどうしたらよいか、いかせることを考える（川内）

素材とした写真

A・D
グループ

B・C
グループ

65

A グループ

「ダイナミックな泥遊びをしよう！」
ダイナミックってどんなん？

少しずつ役割分担ができて行くね。

お水、行くよ！
もう一回 お水行くよ！
たかし君みたいに スコップ使えるかな？ 重いぞ～
冷たい！ ドロドロ～気持ちぃぃ！
お水 流した所、降りられるかな？ おっとスベル スベル
湿った所なら 勢い良く行けるよ～！
ワアーッ ヌルが気持ちいい
水は流したけど やっぱりちょっと 怖いね！ 湿った所から 行くよ～
泥すべり、おもしろい！ でも、まだお尻で すべる勢いはないよ！
行くよ～ 行ける所まで 行くのが 楽しいんだよ！
急な斜面も かわいくいれば、走って 降りるカを持っているね 足の趾でしっかり 地面をつかんで
ダイナミックって こういう事か、 まだちょっと 嫌だね
ダイナミックが 苦手だった 団子は 傍観だよ
まだまだ １と組の初め、 無理に誘わないで 少しずつ ダイナミックに 遊べるよ。

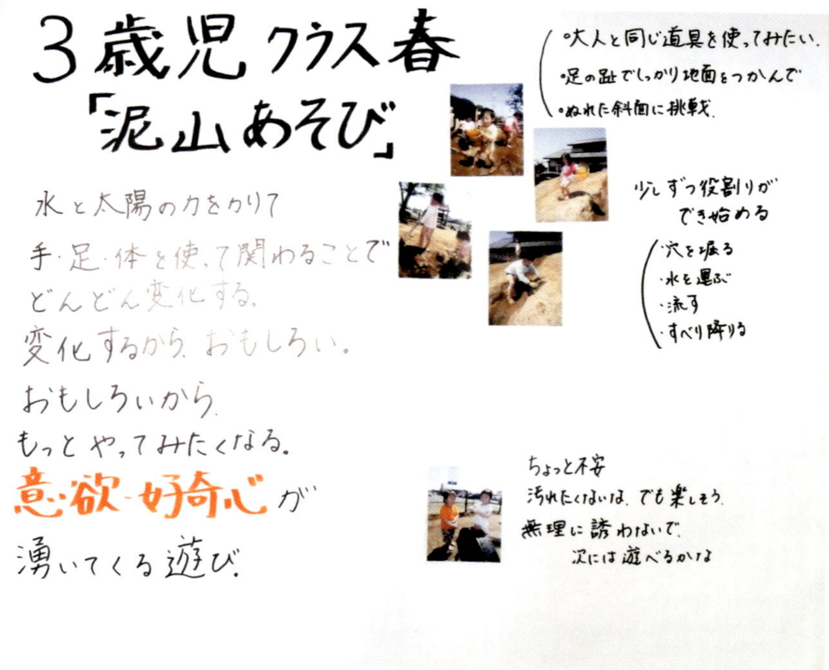

3歳児クラス春「泥山あそび」

水と太陽の力をかりて
手・足・体を使って関わることで
どんどん変化する。
変化するから、おもしろい。
おもしろいから
もっとやってみたくなる。
意・欲・好奇心 が
湧いてくる遊び。

・大人と同じ道具を使ってみたい。
・足の趾でしっかり地面をつかんで
・ぬれた斜面に挑戦

少しずつ役割りが できはじめる
・穴を掘る
・水を運ぶ
・流す
・すべり降りる

ちょっと不安
汚れたくないな。でも楽しそう。
無理に誘わないで。
泥には遊べるかな

1回目

- 資料として渡された写真を使って保育を伝えるものを作るということで悩んだ
- 年齢と遊んでいる季節から想像して作ってみた
- 資料としての写真を全部使ったほうがいいと思って全部使った

2回目

- 保育を伝える写真を撮っていくことが大事
- 保護者が自分の子が写っていなくても自分の子が遊んでいる姿が想像できるような撮り方、展示の仕方をすること
- メインの写真を何にするかを選ぶと良いこと
- 写真一枚一枚に事実を伝えるコメントは必要ないこと
- トリミングの仕方

などをふまえて、作り直した

コメント
　1回目のように、全部の写真を使って細かな説明があるのも親切です。2回目は、似通った写真を整理し、春の季節をキーワードに泥遊びを構成したことで、紙面が見やすく遊びが具体的に分かります。

B グループ

1回目

- 写真を見ればわかることを書いていた
- 写真が多かった
- 色を使っていた→内容よりも見栄えを重視していた

2回目

- 内容を重視していった
- 写真の数を減らしたり、全体の写真を拡大して見やすくした
- 写真を見ただけではわからないことも、発達をふまえながら伝えた

今後写真を撮るときは……
その時期の子どもの姿、発達、遊び方や友だちとの関わりに重点を置いて撮る（表情だけではなく、足・指先など。p.14 あめんぼうの写真参照）

> **コメント**
> 1回目は見た目には楽しい展示ですが、キャプションの意味合いがあまりなかったと思います。2回目は写真が整理されており、キャプションが効果的になりました。それによって写真に深みが出ています。

泥と水で何ができるかな？

楽しさいっぱい 泥水あそび!!

67

Cグループ

泥と水で色々な遊びが出来たよ〜!

- さぁ!お水がでたよ〜!
- 触ってみよう…
- ど〜ろどろ
- わぁ!気持ちいぃ!
- なになに?
- どうなるの?
- わ!!
- てにもかける〜!

1回目

- 写真を見たままの言葉を書いていた
- 写真の枚数を多く選んで、クラスの子どもがみんな入るようにしていた
- 何枚もの写真でその時の流れが分かるように選んでいた

触ってみよう泥・水

五感を育てる感触あそび
手や足から刺激を感じることで脳が活性化される。
五感…見る・聞く・触る・味わう・嗅ぐ

今日はどこで遊ぼうかなと、
道具や場所を自分で選び、遊びを通して
さらさらな砂の感触
水を加えた泥の感触 など
感触の違い、〜に触れたこともまた

ヒヤッと冷たい井戸水
出てくるかなと覗いた時に飛び
出す水、期待通りに出てこない、
そこがまたおもしろくもあります。
手に当たった時にはねる水、水を手で
はじく音など、見て・聞いて・触って
遊ぶことができ五感を育てる遊びになります。

2回目

- 写真を拡大してみたり、枚数を減らしてみたりした
- 保護者に「見せる」ような飾り方と、保護者に「伝える」ような飾り方の違いを知った
- 写真の撮り方を変えていく(保護者に伝えたいときに、全体の写真があると自分の子どもが写っていなくても、遊べている様子が伝えられる)
- 写真を撮る時に表情だけじゃないんだと思った

コメント
1回目は写真を見ているだけで楽しさが伝わってきます。逆に文章をつけないほうが、読む側は自由にイメージを広げられるでしょう。2回目は、感触あそびというテーマがはっきりしており、理解しやすいものとなっています。

Dグループ

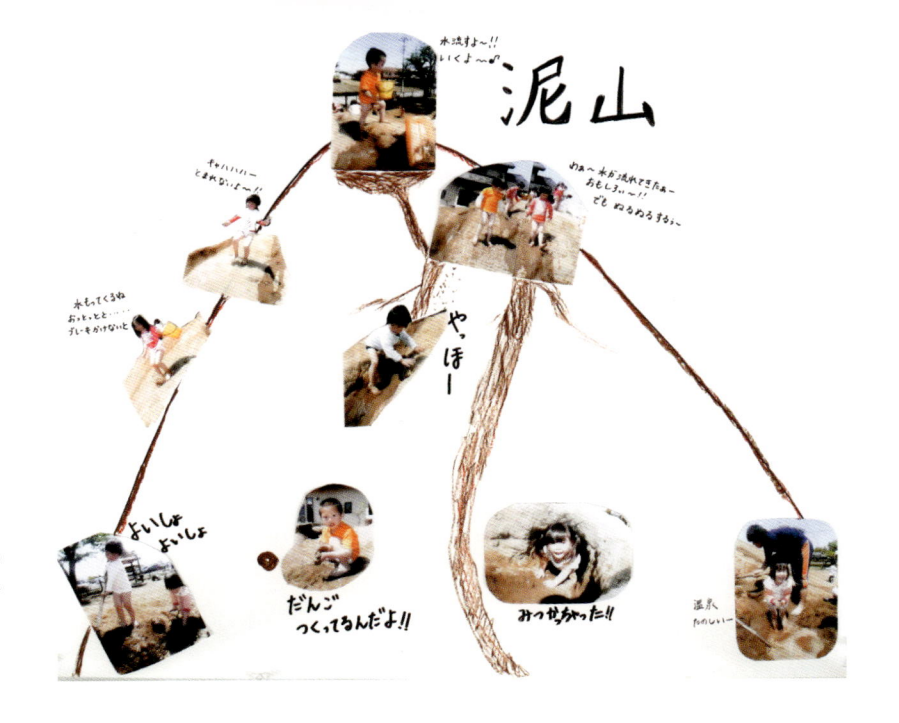

1回目

- 以前は写真を見て分かる説明をしていた
- 形や写真にこだわり、遊んでいるそのままの姿を表現していた

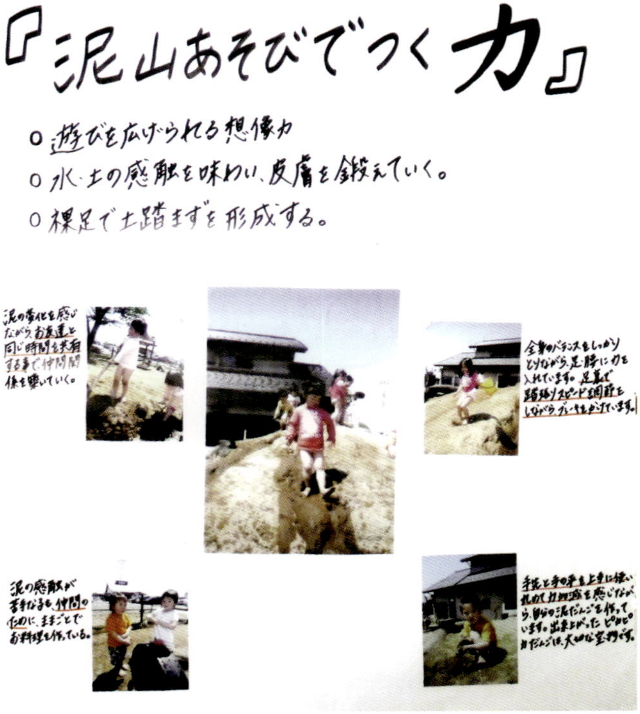

2回目

- 研修を受けて保育者側のねらいや想いを伝えることの大切さを感じた
- 写真の撮り方も一人ひとりを撮るのではなく全体のイメージが持てるような写真を撮るようにすると、保護者に伝わりやすい
- 興味をひくようなタイトルを付ける、より分かりやすく伝わる

コメント
Dグループも、1回目はイラスト的な展示でした。2回目は他のグループと同様、タイトル・キャプションが簡潔でわかりやすくなっています。

泥山

『泥山あそびでつく力』

○ 遊びを広げられる想像力
○ 水・土の感触を味わい、皮膚を鍛えていく。
○ 裸足で土踏まずを形成する。

保育を伝えるために

栗原　志津恵（生品保育園園長）

　園内研修の中で、川内カメラマンから「シャッターは心で切るもの。何をしているかではなく、保育として何を伝えるかではないか、それが自分たちカメラマンとは違うところなのでは」というお話をいただいて、今まで職員たちが撮ってきた「写真」や「展示」の見方・つくり方が根っこから変わったように思いました。

　職員たちが研修後に一番言っていたことは、ある子ども（たち）の一枚の写真を撮るだけでなく、全体として集団が何をしているかがわかる写真を撮ろうということです。一枚の写真でも、そこにどんな写真をプラスすれば、保育と子どもの育ちを保護者に伝えることができるかということに気付いたのです。これまでは、写っていない子がいないようにという視点にいつの間にかなっていました。

　今回の園内研修は写真の撮り方・使い方がテーマでしたが、結果的には保育をどう伝えるかを考えることになったと思います。それは写真のみならず、登園、降園時の保護者への対応、毎月発行しているクラス便りの書き方等々、保育者が日常的に求められる基本的なことです。クラス便りは、当たり前にその月に行ったことを題名にしていましたが、よりインパクトのある言葉を考えるようになりました。展示で言えば、保護者が写真を見るだけの展示ではなく、読む展示に変えるということでしょう。つまりは、知識（保育内容）と実践（伝え方）をしっかりリンクさせて仕事をしようということでしょうか。研修後、けんかをテーマに写真を撮り始めた職員がいます。子どもの気持ちが手にとるようにわかる写真です。まだ展示には至っていませんが、子どもたちの心の揺れと、気持ちを切り替える大きな成長の証を保護者に伝えられると思います。

4　保護者に伝える　保育の写真活用法

研修を終えて

　こうした製作は、なるべく複数の人で作業をしたほうが面白いし楽しいです。一枚の写真を選んだ理由やその写真が持つ意味などを、お互いに伝え合って共有できるメリットがあり、内容的にもより幅広く構成ができます。

　パソコンの画面上のみで作業するのではなく、コピー用紙など紙に出力したものを目の前に並べて作業する昔ながらの方法が、写真の見比べや差し替えも容易にできますし、じっくりと考えながらできます。私は普段からこの方法で構成を決めてからパソコン上で仕上げるようにしています。この本もまったく同じ方法で編集しています。

　ちょっと気をつけたいこともあります。写真選びはその写真の良さを見つけることが大切です。構図が良くない、シャッターチャンスがイマイチだのとゲイジュツテキな話になるときりがありません。保育の写真は、撮りたいものや伝えたい場面がしっかりと写っていればまずはそれで十分だと思います。

　最終的なデザインをイメージしながら写真を選び、構成・タイトル・キャプションを考え、その過程で気づいたことを次回の撮影や製作に反映させるようにできれば、より充実した展示となることは間違いありません。

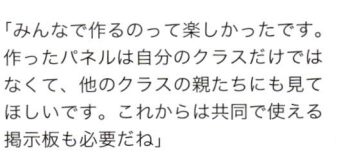

「みんなで作るのって楽しかったです。作ったパネルは自分のクラスだけではなくて、他のクラスの親たちにも見てほしいです。これからは共同で使える掲示板も必要だね」

保育の写真活用法　3

食事の楽しさと美しさを伝えたい

ほしのみや保育園（埼玉県熊谷市）の試み

デジカメの登場がきっかけ

　ほしのみや保育園では長い間、カメラで撮るのは誕生児の写真、園だより用の写真、行事の写真くらいでした。インスタントカメラからデジタルカメラへ、そしてカメラ機能付き携帯電話の普及で写真が身近な存在にどんどん変わっていったとき、「文字だけでは伝わりきれない思いを、視覚的な方法で伝えてみてはどうかしら……」と思い始めたのです。ちょうど保育室のライブカメラなどが話題になっていた頃で、「うちでできることは何だろう？」との思いも重なっていきました。

　保護者の方へ「保育園の様子に関心を持って欲しい」「保育を伝えたい」と思い、手軽に手に入れられるようになったデジカメを少しずつ揃え、活用できるように環境を整えてきました。譲り合いながら使っていた時期もありましたが、2年前から各クラスと調理室へデジカメとメモリーカードを置き、パソコンも保育士用を会議スペースへ設置しました。

きょうのおきゅうしょく
平成24年5月2日(水)
献立　こいのぼりロール
　　　チキンナゲット
　　　みかんゼリー・すまし汁(豆腐・しめじ)

3時のおやつ　柏餅・いちご・牛乳

試行錯誤しながら現在の形に

　どんな取り組みを撮るかは、それぞれのクラス担任へおまかせです。撮った写真はその都度パソコンで編集してクラスだよりを作り、掲示板へ張り出します。クラスだよりは同じものをコピーして各家庭へ配っています。給食の様子は毎日、クラスだよりは不定期、園だより・給食献立（一覧）と給食だよりは月初めの発行です。はじめは、なかなか手慣れないことと写真も紙面構成も素人のため見づらい部分が多々あり、掲示板は寂しい状態でした。「こうしたいけど、どうしたらいい？」「こうしたらもっと伝わるかも……」が積み重なり、現在の形になってきました。

掲示板を見ている保護者や子どもたち
　送迎時に掲示板の前で「今日はいるかな～」と我が子の姿を探すお父さんお母さん。「ねぇ、見せて、見せて」とせがみ、抱っこしてもらう子どもたちで混み合います。「保育園での様子を垣間見ることができ、仕事を終えて迎えに来た時の楽しみになっています」と保護者の方からの感想も多く寄せられています

給食を撮り始めたことがきっかけで

　給食を写真に撮るようになったのは、栄養価を考えた献立と実際に出来上がった料理の見た目とに差を感じたことも理由の一つです。"いくら栄養価は素晴らしくても見た目の美しさがなければ食欲は半減する"と考え、デジカメで料理を撮り、見た目を意識するようにしました。そうすると"せっかく撮っているのにためておくだけではもったいない"と感じるようになり、お父さんお母さんに見てもらおうと、各クラスで食べている子どもたちの様子も撮るようになったのです。

毎日撮ることで、子どもたちの自然な表情を写すことができるようになり、栄養士たちの腕前も徐々に上達していきました。デジタル機器が苦手だった栄養士たちをサポートしたのは事務室の住人たち。苦手な人と得意な人とが連携することでいろいろな取り組みが可能になりました

とにかく楽しく食べてもらいたい

　これまで長い間、調理を終えると配膳は保育士に任せていましたが、改善したいと思い、栄養士と補助の調理員が保育室へ出向いて盛り付けを行うようになりました。食事前に給食に使った食材の説明をしたり、食に関する話をポイントを絞って話しています。食事をそのクラスで一緒に食べながら写真も撮ってもらいます。時には栄養士の遊び心でスープの中に星型人参のごほうびを入れたりと、とにかく楽しく食べてもらいたいという思いが強くありました。

　年長クラスで、栄養士が盛り付けを行うのは最初の約半年間です。その後は子どもたちが当番を決め自分たちで盛り付けをします。栄養士や保育士の"食事の大切さを伝えたい"という思いがいっぱい詰まった時間を過ごしている子どもたちです。

残飯を出さないためと、固い物を食べさせる工夫のひとつ。出汁を取った後の煮干しを、オーブンでかりかりになるまで焼いてイタリアン風に味付する。和風味もある。出汁を取る前よりも固くなる。量が少ないので年長組さんだけのおやつ。みんな大好きです

中の列のパンはアレルギー食の子ども用

あそび心でデコレーション
　「子どもたちが"ワッ"とおどろきよろこぶ顔を見るのが楽しいので、いつもアイディアを考えています」
　「面倒くさくないですか？」
　「面倒だけど楽しい！　楽しいから面倒とは言わないのかな？」

保育の写真活用法　4

「ボード・フォリオ」がつなぐ
分かち合い／語り合いの輪

鈴木　眞廣（和光保育園園長・千葉県富津市）

　私が重要だと思っているのは、子どもの力を信じ、子どもの心持ちを受け止め、響き合い／響き返せる人が子どもの傍らにいるということです。親が響き合える人になるためにも、親として育っていくためにも、このような関わり合いが重要です。

　これまで「連絡ボード」に文章で書いたその日の様子を、読んで帰ってもらいましたが、デジタルカメラが日常の道具になったので、写真をリアルタイムでプリントアウトして、解説をつけた壁新聞にしてお迎えの時間に観てもらうことが可能になりました。私たちはこの壁新聞を、ニュージーランドの学びの物語・記録ファイルの「ポート・フォリオ」をもじって、「ボード・フォリオ」と呼んでいます。パソコンが苦手な職員には、得意な職員がつきっきりで個別指導もしてくれました。

　作るにあたって、大事にしたことは①「子どもの今」を写真に収め、張り出す、②親には我が子や仲間のありのままの姿を知ってもらう、③状況説明で終わらず、子どもたちの気持ちや育ちの姿、学びの様子を代弁するように書く、④子どもの気持ちに寄り添える私（親）になれたら（という思いを込める）、⑤成長の手応えや学びの姿を親と分かち合い／語り合い、子どもの育つ力の確かさや学びを一緒に考え、響き合う関係を学んでいくことで保育者も親も成長する、などです。

　ところで、写真が入ったことで思わぬ効果が現れました。それは写真を見て子どもがストーリー・テラーで参加し始めたことです。子どもが大人の手を引いてボードに連れて行き、いきいきと場面を物語る姿が生まれたのです。子どもが分かち合い／語り合いの輪に参加をするようになったことも驚きでしたが、写真を見ながら子どもも振り返りをしていることが見えてきて、遊びや生活を共に創り出す関係もここから見えてくるのです。

4　保護者に伝える　保育の写真活用法

5/30　桑の実とりに行ってきました‼

こどもおやじの会のプールづくり

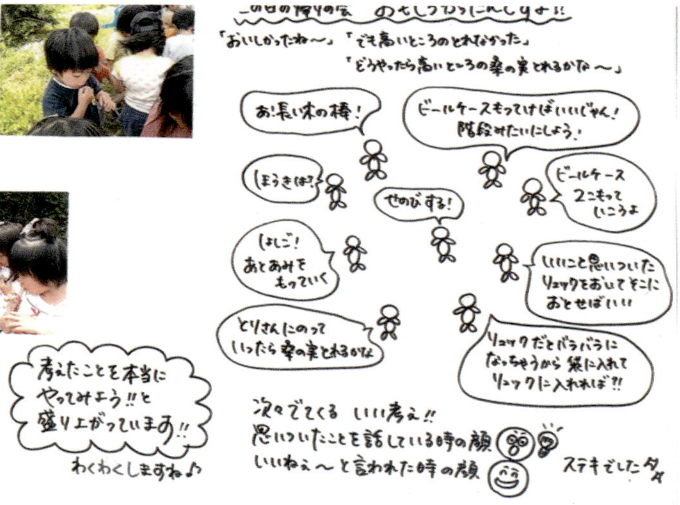

和光保育園のボードフォリオ

「形式を決めていないので、紙の種類やサイズもさまざまです。大きなポスターやカレンダーの裏紙が重宝しています」（鈴木先生）

あのこみたいにやりたい！　5/28

77

保育の写真活用法　5

「あゆみノート」は大切な育ちのルーツ

島本　一男（市立長房西保育園園長・東京都八王子市）

　私たちは「みんなで○○をした」という保育の紹介はよくするようになってきました。しかし、保護者が本当に望んでいる記録は、みんなが何をしたという情報だけでなく、その中で自分の子は何をしていたのかという個別の情報です。

　その点では、あゆみノートは保護者に対して非常に説得力があります。しかも、子どものエピソード記録と写真と指導計画が同時に見られるので、子どもの様子がリアルに伝わります。そして、保護者からは「うちの子のことを、こんなにていねいに見てくれる」という評価を受け、信頼関係の向上にもつながります。そのことは、保育者にとってもやりがいのある仕事になるはずです。

　一方、保護者に読んでもらう記録ですから、子どもの学びを常にプラスの目で見た記録にする必要があります。この部分が一番神経を使うところかもしれませんし、本当のことが書けないのではという疑問もわいてくると思います。そこで大事なのが、子どものつまずきや、マイナスと思われる点も、「どうしてそうなるのだろうか」「こう対応したらうまくいった」というような観点から、その子自身が問題解決をするプロセスをプラスの目で見て記録をする点です。

　さらに、この記録は『子どものための記録』だという視点が一番重要だと思います。保護者に書いているつもりでも、最後にはその子が大人になる時の大切な育ちのルーツ、つまり、自分のことが好きになり、周囲からの愛情をたくさん受けて育ってきたということを感じる、大切な宝物になるという視点です。子どもの学ぶ力が見えてくると、その瞬間をとらえる写真や記録をとることが楽しめるようになります。

4　保護者に伝える　保育の写真活用法

長房西保育園の あゆみノート（見本）

【左側の用紙】

名前　たろう（個人情報保護を考慮しひらがなの名前のみ記入；記録者）

Date： 2007/10/5（記録した日を記入）　　組

子どもの姿（遊び・エピソード）
子どもは日々いろいろな発見と学びを繰り返していると言う事を証明するように記録してください

例1）今日は朝から少し元気がなかったたろうちゃんでした。登園した後は保育士のそばでとっても丁寧に角を合わせながら折り紙で財布を折って遊んでいました。そこで、「お金があるといいね。」というと、自分で広告紙を出し丸くたくさん切ってお金にし、うれしそうに財布にしまった。それが終わると得意の飛行機づくりをはじめ、小さい子にプレゼントしていました。庭に出る頃にはいつものような元気が出て、友だちのこうちゃんと砂場で工事ごっこをして遊んでいました。そのときさくら組のじゅんちゃんがやってきて、シャベルで穴を掘り始めました。たろうちゃんは勝手に入って、穴まで掘ったじゅんちゃんに向かって大きな声で怒鳴り始めたので、じゅんちゃんが泣き出しました。すると逆にたろうちゃんの方がびっくりしたようで周囲を気にしながら背中を向けあやし始めました。それでもじゅんちゃんが泣き止まなかったので保育士が間に入って「たろうちゃん、えらいね。」というとちょっと照れたような顔をしました。するとじゅんちゃんもきょとんとした顔で泣き止んでいたので、またみんなで遊ぶように提案すると、みんなで仲良く遊び続けていました。

例2）砂場から離れたところ、砂のプリンを作ろうとしていたたろうちゃんは両手で砂をすくい、数回砂場から砂を運んでいたが、そのうちにカップをもって行けばいいことに気付き、カップを砂場に運び、砂を山盛りにして帰ってきた。そして手で砂を押さえてから上手にさっとひっくり返し、砂のプリンを作った。なんだかとってもすごい事をしたような顔つきで、今度は友達にもその造り方を教え、プリン屋さんごっこが始まった。…この後の顛末まで追ってみよう。

子どもの活動写真添付

※注意
そのままに記入するので、集団の中で子どもがどのように活動しているのかがよくわかります。
5W2H（いつ、どこ、誰が、何を、どのようにどれくらい、なぜ）で整理をする。
子どもの物語りとして心の表現をポイントに肯定的な表現をこころがける。
保育者の言葉も重要なので記入する。
トラブルがあったらそれをどのように解決していたのかを書きます。人間関係もポイントです。

注）3歳児以上は各期に1枚計3回、新入園児は入った月に1枚作成する
外あそびの写真≪写真と本文は関係ないが、できるだけその場に合った写真を貼りつけること≫

【右側の用紙】

名前　たろう（個人情報保護を考慮しひらがなの名前のみ記入；才　ヶ月）

Date： 10月（月の記入は月初め（1週間以内）に記入し提出する）

		子どもの思い（評価・反省）
生活 食事 睡眠 排泄 健康 安全	ここには1ヶ月先までの子どもの目標と、それを達成するための保育士のかかわりを記入します。否定ではなく、前向きな表現に心がけます。 この部分が実質的には月案になります。 左の項目と子どもの育ちを意識して記入してください。 『○○が出来るようになったので、又は○○に興味が出てきたので、さらに（引き続き）○○できるようにする。と言った表記を基本に』	目標設定されたことを子どもは本音の部分でどう感じているのかを、子どもの立場を考えながら記入します。 ここで子どもの気持ちを考える機会にします。 保育士の反省欄でもあります。
あそび 人間関係 居場所 繋がり 貢献 言葉 表現 運動	ここも月案です。1ヶ月先までの子どもの目標と、それを達成するための保育士のかかわり（含む環境）を記入します。ねらいは保育所保育指針との整合性もポイントです。 否定ではなく、前向きな表現に心がけます。 左の項目と子どもの育ちを意識して記入してください。 ここで保護者の子どもを見る目を育てます。 おおよその育ちの目安も記入してください。	目標設定されたことを子どもは本音の部分でどう感じているのかを、子どもの立場を考えながら記入します。 ここで子どもの気持ちを考え、対応を反省する機会にします。 保育士の反省欄でもあります。 月末に記入し提出してください。

保護者と子どもの関わり。
家庭での子どもの発見、楽しかったこと、困ったこと、嬉しかったこと、驚き、希望
ここは保護者が何でも自由に書いていい欄です。写真でもOKです。サインだけでもかまいません。
保護者に無理をさせないでください。かけない保護者とは送迎時にしっかりつながってください。
1ヶ月先のねらい（次への課題）を結構意識している保護者もいますが、家庭の報告も楽しみです。
観察記録とリンクしている場合が多いので、家庭での保護者の理解や協力が前向きな記述が多くなるといいですね。
保護者が記入したものは園長へ提出。保護者からの質問風の記述には必ず答えてください。

注）3歳児以上は各期の初めに期ごとの指導計画を作成し、子どもの思いを考えた評価・反省は期の終わりにすること。
まとめ：1年ごとにカラーコピーをとり、終了式にファイルにまとめて手渡す。2月のあゆみの交流にこの記録をベースに子どもの育ちを共有する。

個々の子どもの人間関係や遊び、発見、驚き、葛藤など、その子の『今』をドキュメント形式で日記風に記録し写真を添付（上）。さらに、専門的視点からみた情報として、その子の個別指導計画と評価を加えたもの（右）が「あゆみノート」となる。2歳児以下は毎月、3歳以上は年3回作成し、保護者へ渡し、保護者の思いを加筆してもらう。

『保育を変える記録の書き方評価のしかた』ひとなる書房、2009年より転載・一部編集》

保育の写真活用法　6

レンズから見えてくる子どもの姿

佐藤　凉子（元保育園園長・宮崎県都城市）

　子どもの育ちを見ながら保育するために、メモをとることを心がけていますが、瞬時に変わる子どもの姿や行動を記録する手段として、映像の力を借りることも必要だと考えていました。
　ちょうどその時に（約12年前）、川内さんが私どもの園に取材で来られた折、デジカメを使っておられるのを見て「これは保育で使える」と思ったのです。さっそくデジカメ写真の撮り方・使い方について園内研修をしてもらい、それ以来、保育の中でデジカメを活用しています。

　私たちは「万歩計で歩く日本の旅」という取り組みを保育実践の柱においていました。子どもたち全員と職員が万歩計を持って散歩に出かけます。歩いた歩数の合計を距離に換算し、どこまで歩いたかを地図上に表し、「今月は○○県に着いた」と成果を実感したり、「来月は○○県まで」と目標を決めたりしています。着いた県の料理を給食に取り入れたり、おどりを踊ったりして楽しみます。
　私たちの地域も園児の送迎の大半は車です。結果として歩くことへの意欲がなくなり始め、体力低下につながっていたので「歩く保育」を始めたのです。
　歩くことで、一人ひとりの様子がよく見えてくるようになりました。取り組みを発展させて、世界一周の旅、月まで行こうを目標に3年間のカリキュラムを作り、実践してきました。こうしたバーチャルな「旅」を楽しみながら、ふるさとの自然に触れ、感動と感性を育み、元気な子どもに育っています。

この「歩く保育」はデジカメで丁寧に記録をしてきました。また園の行事でも多くの子どもの姿を撮り、園だよりなどに活用してきました。情景がわかるように製作し、なるべく早く保護者の手元に届くように心がけました。

編集のポイントは、写真を中心に考え、文章は必要最低限に整理することです。こうした努力が実って、それまでの文字中心の園だよりの時とは異なり、よく読まれるようになったのです。自分の子どもは写っていなくても、「今日はどんなことをしたのか手にとるようにわかる」と好評です。

保育仲間での研修会や会議などでも、写真の活用は不可欠で、より良い保育につながると考えています。保育の中で子どもの生活習慣や自立する姿をとらえるうえでも、写真の力の大きさを実感しています。

保育の写真活用法　7

たくさんの写真群の中に宝ものを見る

　写真展の作品作りは、なるべくシンプルな構成にするように心がけています。、しかし、たくさんの枚数の中から４、５枚まで絞り込む作業は、慣れていてもなかなか困難をともないます。外した写真にも撮った人の思いがにじみ出ており捨てがたいからです。こうした作業の末に残された写真だけが壁面を飾ることになります。しかし、こうした考えとは異なった写真展をしました。

　昨年３月（2011年）都内で２回目の写真展を開催しました。保育士の先生たちを中心にしたサークルで、10年目になります。都内の保育園のホールを借りて作品選びをしました。参加者が持ち寄った写真を床一面に並べ、個人ごとのテーマに基づいて作品選びをしている時、テーマからはじき出された写真群を眺めながら思いついたのが、このテーマです。「えがお」168枚、「こどものせなか」68枚、これだけの枚数で群れとして構成すると真に迫るような迫力があります。

　長年の間に何回も写真展をやりましたが、これだけの枚数で構成したのは初めてです。ひらめきとアイディアが生きた企画になり、来場者にも人気のコーナーとなりました。２人の保育園児が書いてくれたタイトル文字も好評でした。"残りものに宝あり"です。

4　保護者に伝える　保育の写真活用法

COLUMN

つきつ離れつ　自分の足で歩いて距離感を保つ

　遠くから見ていては何をしているのかわからず、近づきすぎればじゃまになり、また離れる。ズームレンズの役割を自分の足が果たす。それのくり返しが私の撮影スタイルです。「つきつ離れつ」、つまりは「つかず離れず」の逆です。

　離れるといってもそんなに遠くではありません。何をしているかどうなっているかを自分の目で確認できるほどの距離です。

　いつも愛用しているカメラで言えば、28ミリから80ミリレンズくらいの距離です。"ごちゃごちゃ"といる子どものなかで喧噪と匂いの中に浸たりつつ、ズームレンズに頼らないシンプルな表現が目標です。

5

知って得する
デジカメの使い方

シャッターを押しさえすれば撮れるデジカメですが、もう少しその機能がわかると、写真がもっと楽しくなります。ぜひこれだけはおさえておきたいポイントをまとめました。

デジカメレンズの写り方の違い

上・広角レンズの特徴である広がりと画面全体にピントを合わせた撮り方

下・望遠レンズの特徴である浅いピントで子どもの寝顔を浮き立たせる

<レンズについて>
ズームレンズは画面サイズを自由に変えられるレンズ。一般的なコンパクトカメラには28ミリあたりから100ミリ前後のレンズが付いていることが多いです。

ズーム機能がないレンズを単レンズと呼んでいます。自分の足で近づいたり離れたりして構図を調整するしかありません。

広角レンズ	20ミリ 24ミリ 28ミリ 35ミリ	・広角になるほどピントの合う範囲が深くなるので、画面全体にピントを合わせるときなどに広角を使うと良い ・画角（範囲）が幅広いのが特長だが、ポイントがないような「何となくイマイチな」写真になりやすい（p.22） ・オートにある山マーク（風景）などでこれに近い写真になる
	50ミリあたりを標準に	
望遠レンズ	80ミリ 100ミリ 150ミリ 200ミリ	・望遠が長くなるほどピントの合う範囲が浅くなり、ピントを合わせた前後のボケが大きくなる ・背景をぼかしたいときや、遠くのものを大きく写したいときに便利 ・オートにある花マーク（クローズアップ）で背景をぼかした撮り方ができる

<絞りの効果>
レンズには絞りと呼ばれる機能があります。光を通す穴の大きさのことで、この数値を調整してCCD（フイルムの代わり）に届く光量を調節し、ピントが合う範囲（被写界深度）を決めます。

ピントの合う範囲を変えて表現する

カメラの絞り（F値）を変える

　絞りの数値を変えることで前後のピントの合う範囲を自由に変えることができます。11/16/22/32と数値が高くなるほどピントの合う範囲（奥行き）が深くなります。

　ピントの合う範囲を被写界深度といいますが、被写界深度は、絞りとシャッタースピードとＩＳＯ感度の組み合わせで決まります。

　深度にはレンズの種類も関係があります。同じ絞り値にしていても、広角側ではピントが深くなり、望遠側では浅くなります。

　こうした効果をオートで使うには、クローズアップモード（花マークなど）で背景をぼかし、風景モード（山マークなど）で全体にピントを合わせるなどの方法があります。

　機種によって、PやiAではカメラ任せになります（p.9）。Aの設定で変えるのが一番わかりやすいです。画面のどの範囲までピントを合わせるか、ぼかすかを撮影意図によって決められるからです。

絞りの変化
上・F5.6　下・F11で撮っています。
後ろの人形のぼけ具合が変わっています

写真：高杉正

ＩＳＯ感度

5　知って得する　デジカメの使い方

暗いところ・動いているものを撮るとき感度を上げてみる

　デジカメのＩＳＯ感度のオート設定は、その機種ごとにノイズ（画面上のザラザラ）が出にくい状態で上限と下限が設定してあるので、普段の撮影ではオートで大丈夫です。ただ、あえてＩＳＯ感度を変えることで以下のようなメリットもあります。

＜高くするメリット＞
・夜景や室内が暗い場所でもストロボなしでOK
・シャッタースピードを早くすることができるので、ぶれを抑えたり、激しく動き回る子どもの動きを
　止めたりすることができる
＜低くするメリット＞
　ノイズがでにくい

　などがあります。その他にＩＳＯ感度は、ピントの合う範囲を決める被写界深度や、写真の明るさを決める露出とも関わってきます。

ＩＳＯ感度
　デジカメのCCDが光を感じる度合いを数値化したもので、レンズを通過した光を電気的に増幅させて調節します。ＩＳＯ感度を高くするほどノイズが出やすくなります。ＩＳＯ80よりＩＳＯ800のほうが感度は高くなりますが、電気的な処理を施すために、ノイズは避けられません。

写真の色が濁っているのはなぜ？　〜ホワイトバランス

AWB オート

オートで撮影しても、色つき蛍光灯が原因で色が濁っています。右の写真は設定を変えてみました

白熱灯モード

ホワイトバランスを調整して自然な色彩に

　朝やけ夕やけを見ればわかるように自然光には色があります。蛍光灯などの人工の照明にも色があるので、その影響で写真が黄色がかったり青味がかったりします。どんな照明下で撮影しても白を基準にした写真（色彩）作りをするのがホワイトバランスの機能です。

　一般的な撮影ではオート（AWB）できれいな色彩になりますが、まれに見た目とかけ離れた色彩になることがあります。そんなときホワイトバランスの設定を変えてみると自然な色彩に修正ができます。

下の写真は外光、蛍光灯、電球の照明が混在した中で撮影しています。画面全体ではオートが無難な色彩になっていますが、スタンドに描かれた絵は橙色がかっています。絵の色を忠実に出すのであればランプマークが適していますが周囲は青くなります。コンパクトカメラではこれ以上の補正は難しいです。あとは好みの問題です。どの色彩が好きですか？

ホワイトバランスの代表的なモード

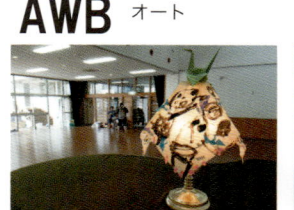

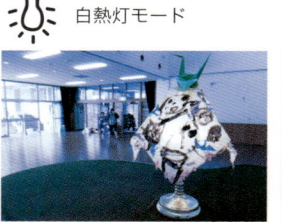

AWB オート　　白熱灯モード　　太陽光モード

いつもとは違った雰囲気を出すために白熱灯モードで撮りました。

AWBでストロボを使って撮りました。ストロボを使うと、向こう側の子どもたちがきちんと写ります

AWB

かがり火の雰囲気を強調するため、あえて太陽光モードに変えています。夕やけの場合も同じような効果が出ます

91

写真が暗いのはなぜ？　〜露出

露出補正＋/−を変えてみる

　シャッターを切ったあとモニターで確認して暗い／明るいといった写真になっているときは、露出が合っていないときです。明るい外での撮影ではあまり見られませんが、室内ではよくあります。光量が不足しているのが原因です。ストロボを使ったときなどもバランスの悪い明るさになります。

＜オート撮影で暗い写真ができる場合は＞
・フラッシュ（ストロボ）を使う
・ＩＳＯ感度を上げる
・露出補正（明るさ）＋/− の設定で変える
　などの方法があります。
＜明るい場合は＞
・ＩＳＯ感度が高過ぎる、カメラの故障など
　光線の状態が悪いなどもあります。

ストロボで撮った例
コンパクトカメラのストロボの光が届く距離はせいぜい２〜３メートルくらいです。左の写真の場合、手前に真っ白い小麦粉の固まりの影響でしょうか、明るさのバランスが悪くなっています。ほんの少しカメラを上向きにするか、一歩下がると、後ろまで光が回り均一な明るさになります（右写真）。

外光が差し込む室内では
　朝夕によく見られる風景です。部屋全体は明るいのですが、逆光線になるので人物が黒くなります。撮る位置が変わるたびに背景の明るさも変化するので、オート撮影でもうまくいかないことがあります。
　ストロボを使って部分的に補正して明るくする、カメラの＋/− の機能を使って画面全体を明るくする、ＩＳＯ感度を上げて明るくすることもできます。
　こうした条件の時は、なるべく動かず撮る位置を決めるといいです。

カメラの＋/− で＋1.5に設定して補正して明るくしています

あとがき

　春の連休を利用して、保育士の先生たちの写真サークルで一泊二日の撮影旅行に出かけました。同行は10人、酒田市の土門拳写真美術館や羽黒山を巡りながら目にとまった場所で撮影をするという、いたってのんびりした撮影旅行です。鶴岡市内から羽黒山へ向かう車のウィンドウ越しに、雪を被った出羽三山や鳥海山が見え隠れします。

　道々の風景に鯉のぼりの泳ぐ姿が少ないのに一抹の寂しさを感じます。羽黒山への入り口にさしかかる少し手前あたり、緩やかな傾斜をした棚田が山裾まで広がるその先に湯殿山が見にとまりました。国道から外れた砂利道の農道へ車を止めると、各人それぞれが好きなように写真を撮りはじめます。

　田のあぜ道に咲きほこる草花の可憐な姿に迫る人、離れた山裾に咲いた満開の桜をねらう人、水田を耕すトラックターの姿を追う人、いつもの撮影会で見られる光景です。不思議に思うのは、こうして何人もの人が同じ場所にいて同じようなものを見ながら写真を撮っても、撮りたいものも別々ならシャッターを切る瞬間もみんなばらばらです。写した写真を並べてみるとそれがよくわかります。似通った写真もありますが、まったく異なった写真を撮っている人もいる。何にカメラを向けどう撮るかはシャッターを押す人の感覚が決めるものですから、できた写真が違っても当然ですし、逆にその違いがあるから写真をやっていて面白いし楽しいのだと私は思っています。

　今、写真ブームだと言われています。以前のブームと違うところは、老いも若きも子どももカメラを持っていることです。本書は保育に限定してまとめましたが、基本的なことは何も変わりがないと思います。写真を楽しむための一助になれば幸いです。

　本書を編むにあたり多くの保育園、保育者のみなさまに助けられました。心より感謝と御礼を申し上げます。またひとなる書房の安藝英里子さんには最初から最後までご苦労をおかけしました。感謝感謝です。

　　　　2012年7月

　　　　　　　　　　　　　　　　　　　　　　　　　　　　　　　　川内　松男

ご協力頂いたみなさま（敬称略）

生品保育園（群馬県太田市）
ほしのみや保育園（埼玉県熊谷市）
和光保育園（千葉県富津市）
長房西保育園（東京都八王子市）
高陽なかよし保育園（広島県広島市）
世田谷つくしんぼ保育園（東京都世田谷区）
阿佐谷保育園（東京都杉並区）
ＮＰＯ法人親子でつくる子育ての会わらしべの里
（埼玉県熊谷市）
柿沼　佳
栗原　志津恵
鈴木　眞廣
島本　一男
佐藤　凉子
野村　敦子
高杉　正
勝亦　真歩
古山　真人
宮田　郁子

川内　松男（かわうち　まつお）
写真家。1946年宮崎県生まれ。30年以上にわたり子どもの取材を中心に続ける。著書に『動物園出前しまーす』（単著、国土社）、『江ノ電にのってごとごとごっとん』（共著、PHP研究所）、『子どもが子どもを出しきるために』（共著、ひとなる書房）、『トキの島からこんにちは』（共著、学校図書）、『どろんこあそび』（共著、学研）などがある。

カバー（前）・章扉写真／川内　松男
カバー写真（後）／「ボード・フォリオ」（和光保育園・千葉県富津市）

装幀／山田　道弘
イラスト／星野　京子

デジカメで撮る子どもの世界
保護者とつながる　保育の写真活用法

2012年8月30日　初版発行

編著者　川内　松男
発行者　名古屋　研一

発行所　（株）ひとなる書房
　　　　東京都文京区本郷2-17-13
　　　　電話　03-3811-1372　FAX　03-3811-1383
　　　　E-mail　hitonaru@alles.or.jp

©2012　印刷製本／中央精版印刷株式会社　＊落丁本・乱丁本はお取り替えいたします。